# OZANAM

CAUSERIE

PAR

VICTOR VAN TRICHT, S. J.

*Professeur à l'Institut Saint-Ignace, à Anvers*

NAMUR

EN VENTE A LA LIBRAIRIE PAUL GODENNE

13, RUE DE BRUXELLES, 13

MDCCCLXXXVIII

# OZANAM

BRUXELLES. — IMPRIMERIE POLLEUNIS, CEUTERICK ET LEFÉBURE
35, rue des Ursulines, 35.

# OZANAM

## CAUSERIE

PAR

VICTOR VAN TRICHT, S. J.

*Professeur à l'Institut Saint-Ignace, à Anvers*

NAMUR

EN VENTE A LA LIBRAIRIE PAUL GODENNE

13, RUE DE BRUXELLES, 13

MDCCCLXXXVIII

# FRÉDÉRIC OZANAM

MESSEIGNEURS, (1)
MESDAMES, MESSIEURS,

Dans une comédie très connue : *Par droit de conquête*, Legouvé met dans la bouche de son héros ces paroles d'une tristesse noble et virile : « Ah! s'écrie le marquis de Rouillé, lorsque me promenant dans ma galerie, je regarde les portraits de mes pères et que je me dis : celui-ci a doté son pays de deux ports; celui-là a fertilisé vingt lieues

(1) Monseigneur l'archevêque de Malines et Monseigneur l'évêque de Tournai.

de landes ; cet autre était président des États, ce quatrième, maréchal de France ;.... — Et toi qu'est-ce que tu es ? — Marguillier !... — Alors la rage me prend... la rage du travail... je rêve mille projets pour relever mon nom ! »

J'imagine que ces pensées généreuses doivent venir à tout homme qui, lui aussi, comme ce marquis de Rouillé, a dans quelque vieux château, une galerie d'ancêtres à parcourir. Il me semble que des yeux jaunis de ces vieux portraits, il doit sortir comme des éclairs qui l'aiguillonnent, qui poussent son âme à voler plus haut, à faire plus grand... hélas ! peut-être à faire au moins quelque chose.

Et nous, les plus nombreux, qui n'avons point de galerie, qui pour revoir la physionomie de nos pères, devons aller à un album de photographies, n'avons-nous pas aussi des regards muets qui nous éperonnent et nous font tressaillir, qui nous font concevoir et désirer de grandes œuvres ?

Quel est l'homme qui, en sa vie, ne se replie pas sur lui-même et ne se demande : « Après tout qu'est-ce que je fais en ce monde ? » Et alors, à cette heure, où dans le secret de sa pensée chacun se fait justice à soi-même, apparaissent devant l'âme les ombres glorieuses de ces travailleurs du bien, qui ont marqué dans le sol la trace profonde de leurs pas, dont les œuvres ont perpétué le nom et la gloire, dont on apprend l'histoire aux petits enfants pour les former à l'honneur et à la vertu... Elles passent ces ombres, dans leur procession silencieuse, nous les reconnaissons une à une, nous les nommons à nous-mêmes et, une à une, nous les entendons nous crier : « Et toi, qu'est-ce que tu es?.. Et toi, qu'est-ce que tu fais? »

Que répondre?.. Oserez-vous dire : Je me fais ma position, je me fais ma fortune... ou bien, je mange mon revenu. Non n'est-ce pas? Vous sentez bien que ce travail égoïste, cette vie en dedans ne suffit pas à l'honneur. Et le marquis de Rouillé le sentait bien, puisqu'il se hâte à répondre, non pas ce qu'il est pour lui, non pas ce qu'il fait pour lui, mais ce qu'il fait et ce qu'il est pour les autres, pour son pays, pour sa patrie, pour la grande société humaine

« Marguillier!.. » Et la rage le prenait...

Ah! Messieurs, ne riez pas!.. Que de gens, comme lui, devraient donner pour leur seul titre : « Propriétaire, rentier, électeur », et pour leur seul travail social, ce pauvre coup de tampon maculant un bulletin de vote...

Encore un coup cela suffit-il à l'honneur?

Je me propose de vous raconter aujourd'hui la vie d'un homme de notre temps, jeté par la Providence dans les voies ordinaires de la vie humaine, obligé comme la plupart d'entre nous à se faire sa position et sa fortune, sans dons extérieurs, ni beauté, ni élégance, ni grâce; gauche, embarrassé, chétif, luttant sans cesse contre une constitution maladive et défaillante; n'ayant rien qui semblât le prédestiner à la gloire, et mort à 40 ans!

Pourtant cet homme a laissé au monde un nom resplendissant d'immortalité: Frédéric Ozanam!

C'est qu'il y avait dans ce corps débile deux forces invincibles : le génie et la tendresse; et pour les diriger deux divines lumières : la Foi et la Charité.

Je n'insisterai pas sur le génie; il vous serait trop aisé de me répondre : « Moi, je n'ai pas de génie ! » Je laisserai donc de côté la gloire littéraire d'Ozanam, ses travaux, ses recherches et ses leçons.

Mai la foi, la tendresse, la charité, qui donc n'en a pas quelque goutte dans son cœur? Qui donc ne peut travailler à élargir le vase, où Dieu les laisse tomber pour en faire la douceur de notre vie ?

Ici vous n'aurez rien à me répondre ; car c'est un ancêtre que je veux vous montrer, un homme de la même chair et du même sang que vous, je veux vous le montrer aux prises avec les mêmes nécessités, vivant de la même vie, dans la même société contemporaine, luttant avec les mêmes moyens... Je veux que ses yeux vous regardent et qu'ils vous demandent : « Et toi qu'est-ce que tu fais ?.. » Ah ! Messieurs, si votre réponse était voisine du remords, je vous en supplie, qu'elle soit aussi voisine des résolutions généreuses. Si le passé vous fait baisser les yeux..., réfugiez-vous dans l'avenir, et que la rage vous prenne, comme au marquis de Rouillé, la rage du bien et du travail, la rage des œuvres généreuses.

Vous, Messieurs de Saint-Vincent de Paul, pour qui j'ai l'honneur de parler ce soir, vous aurez à répondre un mot facile. Vous lui direz : « Je fais ce que vous faisiez et ce que vous m'avez appris à faire ».

*
* *

Frédéric Ozanam naquit à Milan, d'une famille française, le 23 avril 1813. Son père, chassé de Lyon par des revers de fortune, avait dû se fixer en Italie. Il y vivait avec sa femme, Lyonnaise également, exerçant la médecine, quand Dieu lui donna Frédéric, le cinquième de leurs enfants. Il fut le bienvenu, comme furent les bienvenus neuf autres enfants qui le suivirent. Le père et la mère les accueillaient bénissant Dieu, laissant à la Providence le soin de l'avenir, comme s'ils avaient été riches, ou, pour mieux dire, suivant une remarque de Fontenelle, comme s'ils avaient été pauvres.

En 1816, ils revinrent s'établir à Lyon et c'est là que s'écoula l'enfance d'Ozanam, partagée entre sa famille et le collège royal où il fit ses études humanitaires. A seize ans et demi il était bachelier ès-lettres.

Je passe sur toute cette première période de sa vie ; nous ne sommes plus à l'âge où nous pourrions y trouver des leçons. D'ailleurs j'ai beau y chercher un indice et comme une première lueur de ce qu'il sera un jour, je ne trouve qu'un trait assez pâle. A Milan, comme il était, par un temps d'hiver, chaudement couché dans un petit lit bordé par sa mère, un pauvre ramoneur vint à passer dans la rue, en jetant son cri plaintif : *Spazza camino.* Aussitôt Ozanam, qui bégayait à peine, agita ses petits bras, et répétant ce cri « *Spazza camino* », il tendit la main à sa mère, demandant l'aumône pour le petit malheureux.

C'est un don charmant que Dieu fait à l'enfance d'aimer les petits pauvres et de compatir à ce qu'ils souffrent. Les cœurs purs sont si bons et si tendres, et d'une charité si chaude ! Oh ! que ne restons-nous toujours enfants !

Mais si l'enfance d'Ozanam ne trahit pas le mystère secret de la formation de son cœur, regardez bien, voici sa mère !..

*
* *

Nous avons organisé pour l'éducation de l'enfant des institutions très compliquées ; c'est comme une immense armée, où se pressent côte à côte, avec toutes les subordinations voulues, gouverneurs et gouvernantes, maîtres et maîtresses, régents et professeurs, préfets d'études et préfets de discipline, sans compter au couronnement, les quatre facultés solennelles de nos universités séculaires.

Cette armée a son code, ses lois, ses traités de pédagogie, ses méthodes et ses systèmes, et tout, dans sa marche et dans son action, est si bien prévu, raisonné, calculé, qu'en vérité l'esprit s'émerveille et admire. Certes, l'édifice est grand, il est magnifique.

Et vous croyez que c'est là que se font les hommes?.. A peine y forme-t-on la mémoire et l'esprit!.. Mais le cœur!.. c'est par d'autres mains que Dieu le façonne.

Retournez-vous, Messieurs, regardez en arrière, peut-être dejà bien loin, regardez votre joyeuse enfance. Dans le ciel bleu d'alors une femme apparaît, bénie, aimée, adorée. C'est vers elle que du fond de votre berceau s'est envolé votre premier sourire, c'est son nom le premier qu'ont dit vos lèvres, il n'en est pas de plus doux, il n'en est pas de plus tendre... Quand tout espoir se fond dans nos cœurs, un seul y reste, celui de la revoir et de vivre à l'aimer. C'est elle qui a fait vos cœurs ce qu'ils sont, elle votre mère, et c'est elle qui fit à Ozanam son incomparable cœur !

En elle en effet brûle déjà cette flamme de charité qui plus tard éclatera dans Ozanam, et y allumera un incendie d'amour. Elle a donné plus que sa chair et son sang à ce fils, il semble qu'elle lui ait donné son âme.

Mère de quatorze enfants, je vous l'ai dit, sans fortune, n'ayant pour vivre que le travail de son mari, ne pensez-vous pas que souvent les soucis, les angoisses, la crainte du lendemain, sont venus l'assaillir ? Ne pensez-vous pas que le travail domestique suffisait bien à remplir ses journées, que le souci des siens occupait si bien son esprit, qu'il ne lui restait ni le temps, ni la place, pour s'occuper des autres ? Eh bien, détrompez vous... Je vois cette mère diriger pendant presque toute sa vie une œuvre touchante : *Les veilleuses des pauvres*. C'était une association d'ouvrières, dont les membres, à tour de rôle, allaient, la nuit comme le jour, veiller au chevet des pauvres malades et les soigner, comme eussent fait des sœurs de charité.

Je la vois, préludant à son fils, visiter à domicile les familles indigentes et ne jamais se lasser dans cette œuvre d'amour. Laissez-moi vous conter à ce sujet un trait charmant.

Vers la fin de sa vie, Mme Ozanam montait péniblement des marches un peu nombreuses; à chaque palier d'étage, essoufflée et palpitante, il lui fallait s'asseoir, et pendant quelque temps reprendre haleine. Or, à Lyon, les pauvres habitent de coutume les cinquième et sixième étages. Comme rien n'arrêtait sa charité, son mari s'interposa, et de son autorité, lui défendit formellement d'aller plus haut que le quatrième étage. Mais M. Ozanam, lui aussi, devenait vieux et sa santé l'exposait aux étourdissements. Madame, avant de s'engager, exigea de son mari la même promesse pour les visites qu'il faisait, lui, à ses malades. Le vieux médecin accepta et le contrat fut signé. Le mari y fut longtemps fidèle.

Un jour, comme il voyait un de ses clients, il apprit que plus haut, une pauvre femme, dénuée de tout, se mourait, et qu'elle avait besoin de son aide.

Hélas! c'était au sixième étage!.. Le cœur lutta contre le cœur, mais la charité l'emporta... Il monta les deux étages défendus, se promettant bien de n'en rien dire à sa femme... Il arrive, il ouvre... la pauvre mourante était là couchée, et près du lit, penchée sur elle, et la consolant... Mme Ozanam, qui s'était bien promis de n'en rien dire à son mari.

Je vous le demande, faut-il chercher ailleurs que dans ces âmes le secret de la grande âme d'Ozanam? Ce sont là ses vraies origines et sa vraie généalogie!...

*
* *

Aussi comme Ozanam les aime! Comme son cœur plus tard se reporte vers ces bien aimés!

Il écrira à un de ses amis : « Mon père ne vous était pas connu, mais vous me connaissez, moi, son fils. Si jamais votre bienveillance a trouvé en moi quelque chose qui ne vous déplût pas, c'était de lui, de ses conseils, de ses exemples qu'elle me venait (1) ».

Et de sa mère : « Elle était pour moi une image vivante de l'Église ; elle me semblait la plus parfaite expression de la Providence (2) ».

(1) Lettres. T. I, p. 222.
(2) Lettres. T. I, p. 318.

Plus tard l'heure viendra, heure cruelle et dont le souvenir douloureux empoisonne la vie, où Dieu lui reprendra sa mère ! Ecoutez-le alors :

« Rien n'est déchirant comme cette absence, rien n'est sombre comme cette solitude et ce vide, que la mort fait autour de nous ; dans ce premier moment la pensée d'une consolation est impossible, injurieuse même à notre tristesse. J'ai connu cet état ; mais il a peu duré. Bientôt d'autres moments sont venus où j'ai commencé à pressentir que je n'étais pas seul... C'était comme une assurance qu'on ne m'avait point quitté, c'était comme un voisinage bienfaisant quoiqu'invisible, c'était comme si son âme chérie, en passant, m'eût caressé de ses ailes. Autrefois je connaissais les pas, la voix, le souffle de ma mère ; ainsi quand un souffle réchauffant ranimait mes forces, qu'une idée vertueuse se faisait entendre à mon esprit, qu'une salutaire impression ébranlait ma volonté, je ne pouvais m'empêcher de croire que c'était toujours elle. Maintenant, après deux années, après le temps qui peut dissiper les premiers égarements d'une imagination ébranlée, j'éprouve toujours ceci : Il y a des instants de tressaillement subit, comme si elle était là, à mes côtés ; il y a surtout, lorsque j'en ai le plus besoin, des heures de maternel et filial entretien, et alors... je pleure peut-être plus que dans les premiers mois, mais il se mêle à cette mélancolie une ineffable paix ; et de même quand je suis bon, quand j'ai fait quelque chose pour les pauvres qu'elle a tant aimés, quand je suis en repos avec Dieu qu'elle a si bien servi, je vois qu'elle me sourit de loin. Quelquefois, si je prie, je crois écouter sa prière qui accompagne la mienne, comme nous faisions ensemble, le soir, au pied du crucifix. Enfin, souvent — je ne le dirais à personne, mais à toi je puis le dire, — lorsque j'ai le bonheur de communier, lorsque le Sauveur vient me visiter, il me semble qu'elle le suit dans mon misérable cœur, comme tant de fois elle le suivit, porté en viatique dans d'indigentes maisons. Et alors, j'ai une ferme croyance de la présence réelle de ma mère auprès de moi (1) ».

Je ne vous ai rien dit, Messieurs, de l'enfance d'Ozanam, et pourtant il me semble que vous devez sentir ce qu'il fut au foyer paternel, et l'échange d'amour qui allait du cœur du père et de la mère, au cœur de l'enfant, et du cœur de l'enfant au cœur

(1) Lettres, T. II, p. 13, 2e édit.

du père et de la mère. Je comprends le culte du fils, je comprends l'orgueil du père, je comprends la mère, lorsque dans la douleur de son veuvage, tombant à genoux devant le Christ, elle s'écria : « O mon Dieu ! que je suis malheureuse !... mais pourtant combien je vous bénis de m'avoir donné un si bon fils ».

Mais il est temps de voir Ozanam dans sa vie d'homme. Est-ce que je ne me trompe pas ? Ozanam a seize ans et demi, il est bachelier... Est-on homme à cet âge ? Vous en jugerez, Messieurs.

*
* *

Au sortir de ses études humanitaires et avant d'entreprendre les cours de droit, Ozanam fut placé par son père, durant deux années, comme clerc, chez un avoué du barreau de Lyon. Deux ans à copier des minutes, à grossoyer des actes ! Et cela, à un âge où le cœur et l'imagination débordent, lui si dévoué à la poésie et aux lettres !.. à l'idéal et aux muses !

Mais ce travail machinal, ce travail de serf et de

commis aux écritures, par bonheur, ne remplissait pas ses journées. Le matin et le soir, il se sentait libre; il trouvait alors des échappées par où s'envolait sa nature jeune et vaillante... Et où donc s'envolait alors cette belle âme?... Ah! jeunes gens, écoutez donc. Elle s'envolait au travail, à un travail, plus doux sans doute, plus aimé, mieux choisi pour la trempe de son esprit et de son génie, mais au travail toujours.

Durant ces deux années il apprend la peinture et les langues, l'allemand, l'hébreu et le sanscrit; il écrit un poème épique en vers latins, il fournit des articles littéraires à une revue mensuelle de Lyon, et le Saint-Simonisme venant prêcher, là comme ailleurs, ses doctrines et ses rêves, il compose pour réfuter ces prêcheurs nouveaux, tout un livre, qui lui valut, à dix-huit ans, les félicitations de Lamennais et de Lamartine.

C'est à cet âge, peut-être même au pupitre noir où s'accumulaient debout, les dossiers de l'avoué son maître, qu'il conçoit le plan de ce qu'il appelle « le grand ouvrage de sa vie ». Il en donne le titre : *Démonstration de la religion catholique par l'antiquité des croyances historiques, religieuses et morales* : il en écrit l'ordonnance, il en marque l'enchaînement, il en dit les idées... « Oh ! écrit-il à un de ses amis, ce n'est point un rêve de jeune homme ; non, c'est une pensée féconde déposée dans mon esprit, pour s'y développer sans cesse et se produire ensuite au dehors sous une forme magnifique. Là dedans est mon avenir, ma vie entière. Là viennent converger toutes mes pensées, tous mes projets, toutes mes rêveries; et puisque tu veux que je t'en trace le plan, le voici (1). »

Et il écrit de longues pages, où le détail de ses idées apparaît avec une précision et une netteté parfaite. Plus tard, il écrira : « Le moment est venu de tenir à Dieu les promesses de mes dix-huit ans. »

Si vous me demandiez comment une conception si grande était entrée dans l'esprit d'un jeune homme, je vous dirais qu'elle y était née au sein d'une tempête. Ozanam avait été tourmenté du mal qui a rongé de nos jours tant d'intelligences : le doute. La crise avait été courte mais douloureuse ; et quand après le ciel noir et l'orage, étaient revenues les lumières rayonnantes de la Foi, comme une hymne de reconnaissance, ce livre avait jailli

(1) Lettres. T. I, p. 15.

de son cœur. Mais il avait souffert, et la mémoire de sa souffrance ne s'éteignit jamais. Il en garda, pour ceux que le même mal dévorait, une tendresse compatissante : « Il plaint plus qu'il n'accuse, dit Lacordaire, en jugeant sa polémique, il pardonne plus qu'il ne condamne, et toujours invincible sous le bouclier, il tempère dans son épée la force qu'il y sent, de peur d'achever la mort en quelque âme qui peut encore revivre. »

« Ah! disait-il souvent lui-même, on m'accuse quelquefois de traiter avec trop d'indulgence et de douceur ceux qui n'ont pas la Foi ; lorsqu'on a passé par les supplices du doute, on se ferait un crime de rudoyer les malheureux, auxquels Dieu n'a pas accordé la grâce de croire. »

*
* *

La vie d'Ozanam ne devait pas se passer dans l'enceinte étroite d'un bureau d'avoué. Ce jeune clerc qu'on voyait passer dans les rues de Lyon, pensif, rêveur, ou feuilletant de vieux livres, heurtant sans le savoir les personnes qu'il rencontrait sur son passage, gauche, un peu sauvage, ne sortant de la maison paternelle que pour aller s'enfermer dans l'étude ou dans les bibliothèques, un jour, débarqua en plein Paris. Il y devait faire son droit. Sa mère lui avait choisi là, dans la grande ville, une petite chambre garnie.

A peine arrivé, une immense tristesse le saisit : « Ma gaieté s'en est allée, écrit-il à sa mère ; me voilà seul, sans distraction, sans consolation extérieure ; je sens si fort toute la tristesse, tout le vide de ma position. Moi, si habitué aux causeries familières, qui trouvais tant de plaisir et de douceur à revoir chaque jour, réunis autour de moi, tous ceux qui me sont chers, qui avais tant besoin de conseils et d'encouragements, me voilà jeté sans appui, sans point de ralliement, dans cette capitale de l'égoïsme, dans ce tourbillon des passions et des erreurs humaines. Qui se met en peine de moi ?... Je n'ai pour épancher mon âme que vous et le bon Dieu (1) ! »

Mais Dieu veillait.

Parmi les lettres de recommandation qu'Ozanam avait reçues, il s'en trouvait une pour Ampère, le

(1) Lettres, T. I, p. 23.

grand Ampère, devant qui nous nous découvrons avec vénération, comme devant un créateur et un incomparable maître.

Ah! Messieurs, l'on vous dit que la science dessèche... lisez donc la vie d'Ampère, lisez ses lettres, lisez au moins les admirables pages que lui a consacrées un mathématicien comme lui, M. Philippe Gilbert, de l'Université de Louvain, et vous verrez ce qu'il peut y avoir de trésors, dans un cœur de savant religieux et chrétien.

Ozanam arrive, timide, troublé, toujours gauche, Ampère le reçoit, l'interroge, l'écoute, lit toute son âme dans ses grands yeux noirs, et se prend à l'aimer. Sans doute Ozanam lui parla de sa petite chambre, de sa mère absente... Tout à coup, se levant, Ampère lui tend la main, le conduit à travers sa maison ; et lui ouvrant une chambre pleine de soleil : « Je vous offre, lui dit-il, le logement et la table chez moi, au même prix que dans votre pension; vos goûts et vos sentiments sont les miens. Vous ferez connaissance avec mon fils : sa bibliothèque sera la vôtre. Vous faites maigre, nous aussi ; ma sœur, ma fille et mon fils dînent avec moi ; ce sera votre famille. Qu'en pensez-vous ? »

Ozanam se jeta au cou d'Ampère, il n'était plus seul dans Paris.

Ampère veilla sur lui comme sur un second fils, et le soir, le grand homme, pour se distraire des calculs du jour, des chiffres de ses analyses, de toute cette magnifique théorie de l'électro-dynamisme qu'il enfantait alors, le soir, il appelait Ozanam près de lui, et rejetant sur le côté les grandes feuilles où se déroulaient ses découvertes, ensemble ils causaient de Virgile et d'Homère, de Racine et de Corneille. Parfois leur pensée volait plus haut ; comme ce jour où tout à coup, devant une contemplation des merveilles de la nature, le vieux savant serra son front entre ses deux mains, puis le relevant soudain, dans une illumination solennelle : « Que Dieu est grand ! s'écria-t-il, Ozanam, que Dieu est grand !.. »

Voilà sous quels auspices Ozanam aborda les cours de droit à Paris. En 1836, au mois d'avril, il soutint sa thèse de docteur. Il plaida, mais, le barreau ne lui souriant guère, il sollicita et obtint bientôt une chaire de droit commercial à Lyon.

En octobre 1840 il fut appelé à Paris, en Sorbonne, comme suppléant de M. Fauriel, professeur de littérature étrangère, et en 1844 il lui succéda définitivement dans le titre et dans la charge.

Le 8 septembre 1853, il mourait.

Toute la vie officielle d'Ozanam est entre ces deux dates 1836, 1853... dix-sept ans.

*
* *

Je vous ai promis de ne pas m'étendre sur son travail littéraire; je ne vous en dirai qu'un mot, que j'emprunte à un maître.

« Rien, disait M. Villemain, rien n'a surpassé la fièvre studieuse, l'effort à la fois d'application et de verve qui consumait Ozanam, et dont ses écrits gardent la trace. Langues anciennes, langues modernes, du midi et du nord, histoire de tous les temps, littérature classique ou barbare à ses degrés divers, science du droit religieux et civil, étude des arts, il avait tout embrassé d'un travail méthodique et pourtant inspiré, dont les échos, pour ainsi dire, se répondaient dans sa vaste mémoire et son intelligence toujours excitée. Ces signes, apparus dès l'origine, s'étaient fortifiés en s'étendant. Sa thèse sur Dante, travail supérieur mais inégal, avait été surpassée par la science et la diction de ses études sur les Germains ; et ces deux précieux fragments n'étaient pour lui, que l'essai du grand travail où il voulait comprendre la ruine et la mort de l'ancien monde, et, sous la fermentation de ses débris, la naissance des sociétés modernes apparaissant de toute part, comme une terre immense et nouvelle qu'il voyait se défricher, s'animer, s'embellir, à la lumière de ces vérités chrétiennes, que lui même avait saisies d'une foi profonde et d'un cœur passionné. »

«....Le grand titre qui signale dans le haut enseignement un orateur, un écrivain de plus, animant le style par la parole, et relevant la parole par tous les secrets heureux de l'art, c'était le livre que nous couronnons aujourd'hui, *la Civilisation au Ve siècle*, testament de l'âme, publié par les soins d'un maître célèbre (1), son émule et son ancien, dans l'ardeur et dans la variété des plus nobles études. »

« Savant et naturel, dominé d'une même pensée et rayonnant de mille souvenirs, exact et plein d'illusions charmantes, ce livre, formé de vingt leçons et de quelques notes, est une œuvre éminente de littérature et de goût. Il élève la critique à l'élo-

(1) J. J. Ampère.

quence, et l'éloquence même il la conçoit, il la cherche, il la trouve dans sa source la plus haute, dans son type qui ne meurt jamais, ou plutôt qui renaît toujours, dans l'instinct naturel de l'âme émue par le beau et le divin, par les seules grandeurs d'ici bas, la vertu, la liberté, la science, et par les grandeurs d'en haut, celles que promettent la foi et l'espérance chrétienne. »

C'est ainsi que le jugeait Villemain en séance plénière de l'Académie française.

Guizot disait de lui ce portrait austère et touchant : « C'était le modèle de l'homme de lettres chrétien, digne et humble, ardent ami de la science et ferme champion de la foi, goûtant avec tendresse les joies pures de la vie et soumis avec douceur à la longue attente de la mort, enlevé aux plus saintes affections et aux plus nobles travaux, trop tôt selon le monde, mais déjà mûr pour le ciel et pour la gloire. »

Quels témoignages, Messieurs, et tombés de si haut ! Ne vous disent-ils pas assez combien cette vie si courte fut remplie et féconde ?...

Et poutant, Messieurs, tout cela, toutes ces leçons, tout ce travail, tous ces livres, toute cette gloire, n'est rien à coté de ce que je vais vous apprendre... C'est l'Ozanam officiel, l'Ozanam professeur en Sorbonne que je vous ai montré, voici l'Ozanam chrétien.

*
* *

Quand l'amour des âmes envahit un cœur, il l'embrase, il l'enflamme, il le brûle, il ne lui laisse de repos, il faut qu'il travaille, le jour, la nuit, toujours, il faut qu'il s'agite, il faut qu'il sauve... « C'est un feu que je suis venu porter sur la terre, dit le Christ, et je veux qu'il brûle. »

Déjà dans l'étude de son patron, à Lyon même, Ozanam avait rencontré de tristes collègues ; abandonnés à toute l'intempérance des passions de la jeunesse, prématurément impies, il les avait entendus dans l'impudence d'un langage, à qui ni l'expérience ni l'âge n'avait encore commandé de mesure, fanfarons de libertinage et de blasphème, orgueilleux et fiers de leur ignominie même. Il les arrête, leur répond, les fait rougir, leur impose le respect et le silence, et les oblige à vénérer en lui la vertu et la foi.

A Paris, au commencement de ses études, des

professeurs rationalistes persifflent la révélation chrétienne, Jouffroy était du nombre. Ozanam se lève, et respectueux, mais ferme, prend parti pour le Christ ; les applaudissements éclatent et les maîtres de philosophie reculent en cachant mal leur défaite.

Ces combats isolés semblent à Ozanam trop peu pour assurer la victoire à sa foi. Avec un noyau de camarades il forme un cercle, auquel il donne le nom de Conférence d'Histoire. L'abbé Gerbet y parle tous les huit jours de l'Église. A la troisième semaine la salle est trop petite : il faut chercher ailleurs où abriter la foule des jeunes gens, désireux d'entendre une parole à la fois éloquente et chrétienne. Ce n'est plus l'abbé Gerbet seul qui parle, c'est Ozanam, ce sont ses jeunes compagnons d'armes : l'objection publique est admise, c'est une joute, un tournoi, où face à face avec l'erreur, la vérité lutte et triomphe.

Mais ce n'est pas assez encore, car la foule des auditeurs grossit toujours. Ozanam, Lallier et Lamarche vont à l'évêque de Paris, le vénérable Monseigneur de Quélen, et lui demandent des conférences pour la jeunesse, à Notre-Dame. Monseigneur les reçoit, les écoute, s'émeut, les embrasse et s'écrie : « Oui, j'en ai le pressentiment, quelque chose de grand se prépare, Dieu se ménage une victoire éclatante ».

Hélas ! le vieil évêque, formé aux choses antiques, comprenait mal la pensée de cette jeunesse, et ne concevant la prédication évangélique que sous les formes traditionnelles, il leur donna sept prédicateurs très corrects, qui leur firent chacun, au jour fixé et à l'heure, un discours très mesuré, aux divisions parfaites, où les mots et les pensées, tirés au poids et à l'aune, auraient fait l'admiration et le charme des rhétoriques du grand siècle. L'œuvre était manquée, l'auditoire ne vint pas, ou s'il vint, s'en alla. Mais Ozanam ne se découragea point.

Il revoit Monseigneur, il essaie de lui faire entendre le besoin des esprits et le chemin qui y mène : il s'ingénie à vaincre les répugnances et les craintes, il insiste, il supplie ; durant une année entière, il agite les esprits et les cœurs : il sent que c'est la cause de Dieu qu'il défend, et rien ne lui coûte, ni les démarches, ni les négociations lentes et pénibles, ni les prières, ni la diplomatie même. Un an après, enfin !.. dans la vieille cathédrale, devant ces murailles grises qui avaient vu passer tant de révolutions et tant de siècles, et qui frémissaient comme s'il allait naître une révolution et un siècle nouveau, devant Mgr de Quélen pâle et agité par la crainte, devant des milliers d'hommes réunis là de tous les coins de la grande ville, porté sur les épaules, si je puis m'exprimer ainsi, porté sur les épaules de cette jeunesse palpitante et triomphante, dans la chaire antique qui tremblait, émue, montait Lacordaire !

Lacordaire, de Ravignan, Félix, Monsabré !... Ah ! Messieurs, faisons silence ! Que pourrais-je ajouter à l'énumération de ces noms là, et à l'illustration de leur œuvre ?

Il suffit à mon dessin de vous avoir montré la part qu'y prit Ozanam et la gloire qui en rejaillit sur sa vie.

C'est du sein de la conférence d'Histoire que sont sorties les conférences de Notre-Dame, et du sein des conférences de Notre-Dame, sortirent ces communions pascales de 6,000 hommes, qui ont fait l'admiration de notre siècle, et arrêté si longtemps le bras de Dieu prêt à se venger de la France !

*
* *

Une autre inspiration d'Ozanam appartient à l'histoire.

C'était en 1848. La révolution soulevait Paris. Ozanam, appelé par le devoir, avait revêtu l'uniforme de garde national, et s'en était allé au service de l'ordre, monter les gardes et patrouiller à travers les rues.

Les balles sifflaient à ses oreilles, des balles lâches, parties de derrière des barricades ou de derrière les murs : « Quel moment, écrivait-il, quel moment terrible que celui où l'on embrasse sa femme et son enfant, en pensant que c'est peut-être pour la dernière fois (1) ! »

Tout à coup, une pensée illumine son front. Il part avec M. Cornudet et M. Bailly trouver l'archevêque. Ce n'était plus Monseigneur de Quélen aux cheveux blancs, c'était Monseigneur Affre dans toute la vaillance généreuse de la jeunesse. Il lui expose son projet grand, magnanime, sublime : « Cette pensée m'obsédait depuis hier, répond l'archevêque : vous avez raison, je vais vous suivre. » Et bientôt il réapparaît en soutanelle noire. « Non, Monseigneur, c'est la soutane violette qu'il faudrait, et la croix d'évêque bien saillante sur la poitrine ». — « Vous croyez que ce serait

(1) Lettres. T. II, p. 240

mieux ? Eh bien, je vais mettre ma soutane violette. »

Et aussitôt, entre Ozanam et ses amis, l'évêque s'avance à travers les rues sanglantes. Le général Cavaignac, dans son admiration, lui accorde sans hésiter une promesse de miséricorde pour les insurgés s'ils mettent bas les armes, et un rameau vert à la main, Monseigneur gravit d'un pas rapide et triomphant les pavés de la barricade du faubourg Saint-Antoine.... Arrivé au sommet, il leva le bras en signe de paix... Vous savez le reste, une balle partie d'une fenêtre le frappa en pleine poitrine : il tomba en jetant ce cri : « Oh ! que mon sang du moins soit le dernier versé !.. »

*
* *

J'ai réservé la maîtresse œuvre d'Ozanam, celle qui fut le centre de sa vie, celle qui suffirait à elle seule pour illustrer à jamais son nom. Mais, pour vous en dire la naissance, il faut que je remonte plus haut.

Je laisse parler Ozanam, qui commençait à

peine ses études de droit : « Nous étions alors, dit-il, envahis par un déluge de doctrines philosophiques et hétérodoxes qui s'agitaient autour de nous, et nous éprouvions le désir et le besoin de fortifier notre foi, au milieu des assauts que lui livraient les systèmes divers de la fausse science.

« Quelques-uns de nos jeunes compagnons d'étude étaient matérialistes, quelques-uns Saint-Simoniens, d'autres Fourriéristes, d'autres encore déistes. Lorsque nous, catholiques, nous nous efforcions de rappeler à ces frères égarés, les merveilles du christianisme, ils nous disaient tous : « Vous avez raison, si vous parlez du passé. Le christianisme a fait autrefois des prodiges, mais aujourd'hui le christianisme est mort. Et en effet, vous qui vous vantez d'être catholique, que faites-vous ? Où sont les œuvres qui démontrent votre foi, et qui peuvent nous la faire respecter et admettre ? » — Ils avaient raison. Ce reproche n'était que trop mérité. Ce fut alors que nous nous dîmes : « Eh bien, à l'œuvre ! et que nos actes soient d'accord avec notre foi ! Mais que faire ? que faire pour être vraiment catholique, sinon, ce qui plaît le plus à Dieu ? Secourons donc notre prochain, comme le faisait Jésus-Christ, et mettons notre foi sous la protection de la charité ».

C'est en quittant la Conférence d'histoire, que pour la première fois cette pensée vint à Ozanam ; au seuil de la porte il rencontra un ami M. Taillandier, il la lui communiqua et le soir même, ensemble, ils s'en vont, chez un pauvre, porter les restes de leur provision de bois pour l'hiver.

Quelques jours après, dans la chambre d'un étudiant de droit, M. Serre, rendez-vous était donné aux amis de la Conférence d'Histoire ; la pensée d'Ozanam est exposée, débattue, et bientôt épousée. Une voix crie : « Faisons une conférence de charité » et aussitôt tous répondent : « Oui, faisons une conférence de charité. » C'était fait Messieurs.

Les conférences de Saint-Vincent de Paul étaient fondées.

On fut demander conseil à Sœur Rosalie, elle indiqua les premières familles pauvres à visiter et à secourir.

Ils étaient huit, dont un seul avait un peu plus de vingt ans ! C'était en 1833. A la fin de 1834, le total des aumônes distribuées était de fr. 2,485,80. Vingt ans après, ils étaient 3000, en France, en

Allemagne, en Belgique, en Danemarck, en Espagne, en Grèce, en Angleterre, en Italie, en Suisse, en Turquie, en Asie, en Afrique, en Amérique et en Australie.

Je ne sais pas combien ils sont aujourd'hui, car il s'est trouvé un M. de Persigny, pour frapper d'une main impure cette œuvre de saints, et depuis lors sur ces chiffres on a fait silence. Mais l'année même où ce coup les atteignait, ils avaient distribué 3,123,883 francs d'aumônes. C'était en 1855. En 1875, ils distribuaient, 6,046,884 francs. Et en 1885, 9,398,544 francs. Je reçois à l'instant communication des comptes de 1886. En 1886, les conférences de Saint-Vincent de Paul ont donné aux pauvres 9,511,717 francs.

Voilà l'œuvre d'Ozanam. Ici vous permettez que je m'arrête et que je contemple !

La charité n'est pas l'aumône : la charité est davantage. C'est le don de soi-même. Fonder une conférence de charité, dans la pensée d'Ozanam, ce ne fut donc pas fonder je ne sais quelle caisse de secours, alimentée par des cotisations de membres, et d'où serait venue aux malheureux, une aide très réelle assurément, mais très froide et très impuissante. Ce fut fonder une société vivante, une société d'esprits et de cœurs, donnant aux pauvres, de l'or assurément, mais avant tout et par dessus tout de la lumière et de l'amour.

Cherchez ce qui manquait dans la société d'alors aux classes déshéritées, aux pauvres, aux misérables : vous trouverez trois choses dont la pénurie les rongeait. Ils manquaient de pain, ils manquaient de foi, ils manquaient de considération, de respect et d'amour.

De pain, et cette misère de leur corps, peinte sur leurs traits émaciés et pâles, criait si haut que même la bienveillance officielle, cette machine, si indifférente toujours, si cruelle, si barbare parfois, cette divinité de marbre, sans cœur, sans larmes, cette chiffreuse, s'était émue... elle souriait aux ateliers nationaux, et balbutiait des arguments scolastiques en faveur du droit au travail. Elle espérait tout sauver, en assurant trois fois vingt sous par jour à chaque paire de bras vaillants. Comme si le pain était le tout de l'homme.

Ils manquaient de foi. Ceci ne déplaisait pas aux politiciens d'alors. Ils trouvaient ce dépérissement de la foi, chose désirable dans une société qui se piquait de procéder de la Raison pure, qui ne voulait s'appuyer que sur elle, et qui croyait les lois humaines assez fortes, pour mettre le droit et l'ordre à couvert des entreprises de la passion et des convoitises révoltées. Ils aidaient même à enlever au peuple ces croyances séculaires, persuadés qu'en propageant leur impiété personnelle, ils faisaient œuvre de civilisation et de progrès.

Une caricature allemande, dont j'ai ri dans le temps, représente un bûcheron sciant à fleur de tronc, une branche d'arbre sur laquelle, à califourchon, il est assis lui-même. N'est-ce pas l'image de ces politiciens-là ? Sans foi religieuse, sans espérance religieuse, sans résignation religieuse, comment voulez-vous que le peuple se soumette aux dures nécessités que lui impose sa condition sociale ?... Ne serait-il pas fou, de ne point guetter sans cesse et de saisir au passage, les heures propices à renverser les rôles et à lui donner le bon bout. Quel titre demeure à la société pour le lui défendre ?.. La force ? C'est vrai... Mais s'il arrivait — et ce n'est point si difficile, ni si loin de nous — s'il arrivait à être, lui, le plus fort, s'il avait, lui, la force.... Que resterait-il ? Rien !

Ah ! Messieurs, que de bûcherons, même de nos jours, scient encore, à fleur de tronc, la branche qui les soutient au-dessus de l'abîme.

Le peuple manquait de considération, de respect et d'amour. Il y avait bien, dans les constitutions et dans les chartes, des déclarations très émues d'égalité et de fraternité humaines. Ah! que c'étaient de beaux mots et de belles phrases! Il y avait des parleurs qui, dans les discours et dans les assemblées, chantaient des dithyrambes à l'ouvrier et au misérable ; mais au sortir de là, si le drap fin de leur pelisse avait frôlé la blouse de toile bleue, ils l'essuyaient du gant, comme souillée d'un contact impur.

D'un coup d'œil Ozanam et ses huit camarades ont tout vu, tout compris, et ils inscrivent au frontispice de leur œuvre.... quoi donc ?... L'aumône ? Non pas. Un cotisation, un impôt, un tribut annuel ?.. Non pas encore.... Quoi donc, Messieurs ?... La visite personnelle du pauvre ; le don de soi au pauvre !

C'est bien ce que j'appelle résoudre la difficulté d'un coup, mais d'un coup de maître.

La visite, en effet, ne va pas sans l'aumône ; rien n'émeut le cœur autant que la vue de la misère présente, et quand le cœur est ému, même les mains les plus tenaces laissent échapper de l'or. C'était le premier remède à la première misère du pauvre, celle que j'ai nommée la misère du pain.

Mais par elle-même déjà la visite répondait à la troisième. Visiter un pauvre, n'est-ce pas déjà lui donner le respect, la considération et l'amour : ce triple aliment de son cœur d'homme ?

Quant à son besoin de Foi, dites-moi quelle est l'âme chrétienne qui, à ces heures-là, ne soit pas apôtre, qui ne laisse pas rayonner autour d'elle les clartés qui l'illuminent.

Et ce don de soi, fait au pauvre au nom de Jésus-Christ, n'est-il pas une prédication, et de toutes la plus éloquente et la plus persuasive?

*
* *

Voilà l'œuvre d'Ozanam : ces immortelles conférences de Saint-Vincent de Paul. Il y a aujourd'hui cinquante-cinq ans qu'elles sont fondées, et dites-moi, si à l'heure présente, après un demi siècle, — les sociétés changent en un demi siècle ; il ne leur en faut pas autant pour vieillir et pour mourir — dites-moi, si devant nos nécessités contemporaines, devant la situation sociale d'aujourd'hui, si ébranlée, si chancelante, si près des cataclysmes et des ruines, dites-moi si vous connaissez, pour nous défendre et nous sauver, une œuvre, une seule, je n'en demande qu'une, qui approche de celle là.

Je cherche et je n'en trouve pas... D'autres ont cherché. A l'honneur de mon pays, je suis fier de le dire, cette année même les esprits les plus éminents,réunis en commission d'enquête, ont étudié et sondé ce grand problème; ils y ont mis une générosité de cœur, une profondeur d'esprit vraiment magnifique : ils ont proposé des lois qui seront bénies. Mais, par la force même des choses, ils n'ont pas su atteindre le mal dans sa racine la plus cruelle. Ne l'oubliez pas; ce n'est pas en améliorant la condition matérielle de l'ouvrier et du pauvre, ce n'est pas en grossissant son salaire, ce n'est pas en assurant sa vieillesse contre la misère et la faim, que vous résoudrez la crise sociale. Certes ce sont choses excellentes, et des tempéraments à l'ardeur du mal : une injection de morphine qui endort la douleur. Savez-vous ce qu'il faut? Mettre plus près du cœur du pauvre, le cœur du riche, afin qu'ils se connaissent et qu'ils s'aiment.

Et c'est là ce qu'Ozanam voulait, et ce qu'il faisait, et ce qu'après lui vous faites vous-mêmes,

Messieurs de Saint-Vincent de Paul, ce que tous, Messieurs, pour être vraiment chrétiens, vraiment fils de votre temps, tous vous devriez faire.

Sans doute la pensée d'Ozanam fut avant tout religieuse. « Mettons, avait-il dit, mettons notre foi sous la sauvegarde de notre charité. » Mais elle fut sociale du même coup, car il disait encore : « Ce que nous voulons, c'est la réconciliation de ceux qui n'ont pas assez avec ceux qui ont trop, au moyen des œuvres de charité. »

Il avait même voulu que son œuvre fût avant tout laïque, ce qui ne laissa pas de lui susciter quelques difficultés, à une époque où on ne concevait guère les bonnes œuvres, que sous forme de congrégation ou de confrérie.

J'ai montré comment Ozanam avait conçu la charité sous sa vraie forme : le don de soi-même. Ce don là, quand il sort d'un cœur où brûle l'amour du Christ, n'a qu'une mesure : à savoir le besoin de ceux à qui il s'offre. Aussi Ozanam, dans son œuvre, a-t-il tout embrassé. Je lis dans sa vie l'énumération des œuvres secondaires, auxquelles il entend que les conférences s'intéressent et prennent part. Laissez-moi vous la dire :

Crèches, salles d'asile.

Patronage des orphelins.

Placement d'enfants pauvres chez les laboureurs.

Patronage des ouvriers ; instruction des enfants pour la première communion.

Patronage des jeunes savoyards ; patronage des apprentis.

Patronage des enfants dans les manufactures.

Instruction des jeunes gens.

Patronage des jeunes libérés.

Patronage des compagnons et des ouvriers.

Propagation de l'instruction chrétienne pour les soldats des garnisons, bibliothèques.

Avocats des pauvres.

Instruction des pauvres, réunions de la Sainte Famille, almanachs, écoles d'adultes.

Mendiants, pauvres honteux, réfugiés.

Voyageurs, émigrants.

Visite des prisons, aide des condamnés à mort.

Visite des hôpitaux, asiles pour les vieillards, soins aux mourants et funérailles des pauvres.

Ah ! le pauvre, il est aimé au berceau, aimé dans la vie, aimé dans la mort ! Y a-t-il un vide dans cette série ? un anneau manquant à la chaîne ?

Ce don de soi-même, si vaste et si répandu,

Ozanam le voulait exempt même des formes les plus lointaines de l'égoïsme. Quoi de plus naturel, Messieurs, pour ces jeunes gens, tous catholiques, de ne songer à secourir que des coréligionnaires? Ozanam ne l'entendait pas ainsi : c'eût été à ses yeux une manière de n'aider que les siens.

Il suffisait pour lui qu'un pauvre fût pauvre : cette divine marque de la pauvreté était assez, pour lui faire reconnaître la physionomie de Jésus-Christ dans ce souffrant, même incroyant, même impie. Un jour, un ministre protestant lui donna une grosse somme, recueillie dans son temple, et lui demanda de la faire distribuer par la conférence. Ozanam accourt joyeux et raconte l'heureux événement à ses collègues ; l'un deux, très sincèrement, croit bien faire en proposant aussitôt de la distribuer entre les pauvres catholiques d'abord, et de ne donner que le surplus aux pauvres protestants. Ozanam pâlit, s'agite, relève ses longs cheveux et tout à coup, interrompant : « Messieurs, s'écrie-t-il, si cet avis a le malheur de prévaloir, s'il n'est pas bien entendu que nous secourons les pauvres, sans distinction de culte, et parce qu'ils sont pauvres, je vais de ce pas remettre aux protestants les secours qu'ils m'ont remis; je leur dirai : reprenez-les; nous n'étions pas dignes de votre confiance ».

C'est encore une forme éloignée de l'égoïsme, de ne faire don de soi-même qu'aux affectueux et aux reconnaissants... La vraie charité se donne, sans trop regarder si elle est ou si elle n'est pas dupe. Sans aucun doute, il est parfaitement légitime et rationnel de se défendre contre les fripons, et de se tenir en garde contre leurs entreprises : encore faut-il n'y pas veiller de trop près.

Je me défie des prudents qui ne sont jamais attrapés, je les soupçonne de ne s'exposer guère au danger : il faut se tenir très loin des balles, pour ne jamais avoir d'égratignures.

Un jour, un Italien — il paraît que les Italiens pauvres sont partout un peu les mêmes — un Italien donc qu'Ozanam avait secouru et protégé, et qui avait indignement abusé de sa protection et de son secours, osa se représenter à lui. Ozanam le reçoit très mal et le congédie vivement. Mais à peine la porte est-elle fermée que le remords le prend, il jette là sa plume, saisit son chapeau, et court après le pauvre homme. Il le rejoint, s'excuse, lui demande pardon, et lui fait une grosse aumône. Puis il lui serre la main, et le salue de ce mot, qu'il prononçait avec un respect magnifique en quittant ses pauvres : « Je suis votre serviteur, mon ami ». Et comme on semblait le désapprouver : « Il ne faut jamais, répondit-il, réduire un homme au désespoir. On n'a pas le droit de refuser un morceau de pain, même au plus vil scélérat... Et si Dieu donc envers nous était inexorable !.. »

Je voudrais, Messieurs, mais je ne puis pas vous conter ici tous les traits de charité qu'Ozanam a comme semés dans sa vie; mais je veux répondre à une question que vous vous serez posée. Comment Ozanam, presque sans fortune, et même aux plus heureux jours de sa vie tenu très à l'étroit par un traitement de professeur, comment faisait-il face à des charités si généreuses ?

Par un secret fort simple que je propose à vos méditations. Écoutez bien.

*
* *

Ozanam avait deux caisses : la caisse des pauvres et la sienne. A chaque rentrée d'argent qui lui venait, régulièrement, sur l'heure même, sans hésitation et par une loi irrévocable, dont il avait fait la règle de sa vie, un dixième de la rentrée était mis à la caisse des pauvres : le reste dans la sienne. Jamais, jamais — il eût mieux aimé mourir ! — jamais un transport ne se faisait de la première dans la seconde ; mais un transport en sens inverse était admis !

Il y a à ce sujet, dans sa vie, un trait magnifique.

Il avait coutume, au nouvel an, de faire ses premières visites à ses pauvres, très tôt dans la matinée. Il leur portait alors de petites étrennes. Un jour, en 1852, tandis qu'il faisait sa tournée, il découvrit dans une famille le père, la mère, les enfants tout en pleurs ; ces malheureux étaient réduits à une telle misère, que leur dernier meuble, leur commode de mariage, avait été mise au mont-de-piété, et cette dernière ressource épuisée, la faim était venue et les torturait.

Ozanam leur fit acheter du pain et leur laissa une aumône, mais rentré chez lui, ce souvenir le poursuivant, il courut à la caisse des pauvres... elle était vide !... Il conta le tout à sa femme, et lui dit qu'il avait eu la pensée de dégager la pauvre commode, pour les étrennes de ces braves gens. Sa femme l'en dissuada par d'excellentes raisons.... On était au nouvel an, les notes pleuvaient, et si la caisse des pauvres était vide, celle de la maison était à un bas étiage. Ozanam se rendit, mais tout le jour il resta mélancolique. Ils firent ensemble les visites officielles. Le soir, comme ils rentraient, Ozanam vit sa petite fille toute souriante, au milieu de ses joujoux et de ses poupées ! Elle sauta dans ses bras, il l'embrassa tout rêveur ; la petite lui offrit de ses bonbons : « Oh ! non chérie, lui répond-il, non, je ne saurais ! », et comme les larmes lui venaient : « Qu'as-tu ? » lui demanda sa femme. « Rien, » reprit-il doucement. « Mais si, tu pleures ! » — « Je songe, dit-il, que notre enfant est bien heureuse et que ceux de ce matin.... » — « Je comprends, lui dit sa femme... Allons !... va, rends-leur l'armoire ! » Et sur le champ, le soir même, il courut dégager le pauvre meuble, accompagna les porteurs jusque chez ces malheureux, et revint chez lui, heureux du bonheur qu'il avait fait, sourire à sa petite fille.

Tel était le cœur où germa la première pensée des conférences de Saint-Vincent de Paul.

*
* *

Je voudrais placer devant vous, Messieurs, d'une part les sept gros volumes qui constituent l'œuvre littéraire d'Ozanam, de l'autre un petit livre, je dirais mieux un feuillet, où sont imprimées les règles des conférences de St-Vincent de Paul.

Ozanam était mort, quand l'Académie française mit autour des premiers sa glorieuse couronne de palmes.

A ce moment-là, Dieu avait déjà couronné lui aussi l'humble petit feuillet.

Laquelle vaut mieux, pensez-vous, des deux couronnes !... Celle que la terre a mise autour de ces volumes, ou celle que les cieux ont mise autour de ce petit feuillet ! Que ces succès humains sont donc peu de chose, et quelle vanité que le génie, quand il ne se tourne pas à faire le bien !

Même au point de vue social, comptez d'une part ceux qui ont lu les livres d'Ozanam et qui en ont retiré de la lumière.... Comptez de l'autre ceux que ce petit feuillet a fait vivre, à qui il a rendu la foi, la paix, l'espérance et le bonheur !...

Je trouve autour d'Ozanam, dans son monde littéraire, tout un faisceau de noms illustres : Villemain, Jouffroy, Sainte-Beuve, Cousin, vingt autres, tous grands dans les lettres, tous morts aujourd'hui !... Qui donc au milieu d'eux ne choisirait d'être Ozanam, le fondateur des Conférences de Saint-Vincent de Paul ?

Il ne s'y trompa point lui-même : il en fit la grande œuvre de sa vie ; dans les intervalles de ses leçons, durant ses voyages, même durant ses jours de repos, c'était à elle qu'il se vouait avec toute l'ardeur et tout le feu de son caractère. A la veille de sa mort il la prêche, il travaille à l'étendre, et quand la plume lui tombe des mains, c'est sur une lettre, où il presse avec instance l'ouverture d'une Conférence à Sienne, au Collège Tolomei.

Je vous ai montré dans Ozanam l'homme public, et l'homme chrétien dans la vie publique.

Je m'en voudrais si je m'arrêtais ici. Je veux vous le montrer dans l'intimité du foyer domestique, durant les années, si courtes et si rapides, que Dieu lui donna de passer entre sa femme et son enfant.

*
* *

Ozanam en 1836, à 23 ans donc, n'était pas encore fixé sur sa vie : « Je souffre, écrit-il, de cette absence de vocation, qui me fait voir la poussière et les pierres de toutes les routes de la vie, et les fleurs d'aucune. Le moment de se choisir une destinée est un moment solennel, et tout ce qui est solennel est triste (1) ».

Et jusqu'en 1840 cette indécision persiste. Aux perplexités de son esprit, s'ajoutaient les conseils d'amis illustres. « Ce n'est pas dans une chaire d'université, s'écriait Combalot, c'est dans une chaire de vérité que je voudrais voir Ozanam ». Et plus tard, Lacordaire lui-même marquera sa déception dans une phrase très singulière : « Il y eut, dit il, un piège qu'Ozanam n'évita point. Dès qu'il fut heureux il voulut donner son bonheur et l'augmenter en le partageant. Oserai-je dire, quoique Dieu l'ait absous en bénissant son union, qu'il était encore bien jeune pour une félicité si ennemie des grandes muses ?

» Comme le prêtre, l'homme de lettres est consacré, et si le ministère des âmes exige un culte de soi-même, le ministère de la pensée, quand on est digne de lui, exige aussi des austérités. Il est difficile, au milieu des joies domestiques, de conserver l'assiduité du travail et la liberté de l'intelligence, et plus difficile encore de retenir ses besoins dans la modestie de ses ressources.

(1) Lettres. T. I, p. 209.

» La pauvreté est la compagne inévitable de l'homme de lettres, qui a résolu de ne vendre sa plume ni à l'or, ni au pouvoir ; et la pauvreté n'est douce qu'à l'homme solitaire, qui vit dans l'immortalité de sa conscience, et n'a jamais qu'un malheur à prévoir ou à porter. »

Ne dirait-on pas d'un regret mal caché qui perce dans ces phrases du maître ?

Quoi qu'il en soit, je trouve d'Ozanam vers cette époque une lettre admirable. « Il me semble, écrit-il, que j'éprouve depuis quelque temps les symptômes avant coureurs d'un ordre nouveau de sentiments, et je m'en effraye. Je sens en moi se faire un grand vide, que ne remplissent ni l'amitié, ni l'étude. J'ignore qui viendra le combler : sera-ce Dieu, sera-ce une créature ? Si c'est une créature, je prie qu'elle ne se présente que plus tard, quand je m'en serai rendu digne. Je prie qu'elle apporte avec elle assez de charmes extérieurs, pour qu'elle ne laisse place à aucun regret ; mais je prie surtout qu'elle vienne avec une âme excellente, qu'elle apporte une grande vertu, qu'elle vaille beaucoup mieux que moi ; qu'elle m'attire en haut, qu'elle ne me fasse pas descendre ; qu'elle soit généreuse, parce que souvent je suis pusillanime ; qu'elle soit fervente, parce que je suis tiède dans les choses de Dieu ; qu'elle soit compatissante enfin, pour que je n'aie pas à rougir devant elle de mon infériorité. Voilà mes vœux, voilà mes rêves, mais rien ne m'est plus impénétrable que mon propre avenir (1) ».

Dieu voulut réaliser à la lettre cette magnifique prière. Le 23 juin 1841, Ozanam épousait Mlle Marie Amélie Soulacroix, fille du Recteur de l'Académie de Lyon.

« Ah ! mon cher ami, écrit-il alors, vous le compagnon des temps laborieux, vous le consolateur des mauvais jours, que n'étiez-vous là !.. vous aussi je vous aurais présenté à la charmante épouse qui m'était donnée ; vous aussi elle vous aurait salué de ce gracieux sourire qui m'enchante. Depuis cinq jours que nous sommes ensemble, quel calme, quelle sérénité dans mon âme, que vous connaissiez si inquiète et si ingénieuse à se faire souffrir.

« Je me laisse être heureux.... je comprends le ciel. Aidez-moi à être bon et reconnaissant ; chaque jour, en me découvrant de nouveaux mérites dans celle que je possède, augmente ma dette

(1) Lettres .T. I, p. 179.

envers la Providence... Quelle différence d'avec ces jours où vous me vîtes si triste à Paris ! »

Ozanam pouvait de plein droit chanter cet hymne et remercier le ciel, la compagne qu'il s'était choisie lui semblait prédestinée.

D'une religion très éclairée, d'un cœur très tendre, elle avait dans l'esprit cette flamme d'enthousiasme et de poésie qui, rayonnant sur la vie, la réchauffe, la fait bonne, qui la dégage de je ne sais quel terre à terre bas et plat, où trop souvent les préoccupations matérielles la tiennent agglutinée. L'influence de son père lui avait donné une culture littéraire et scientifique tout exceptionnelle dans une jeune fille. Elle répondait donc à Ozanam comme un écho fidèle et charmant : il se retrouvait en elle.

J'aime à me les figurer dans leur appartement de la rue de Grenelle-Saint-Germain, où leur plus beau meuble était un piano Pleyel. Ozanam lit à haute voix, en y mettant son âme, ses belles pages sur les *Niebelungen* et sur les *Minnesinger*, ou le plan de ses *Leçons sur la littérature de l'Italie...* Elle écoute, juge, interrompt, admire ou conseille. Plus tard quand Ozanam écrira son travail sur les poètes franciscains, c'est elle qui traduira les

*Fioretti*, les *Petites fleurs de Saint-François;* plus tard enfin, c'est encore elle qui, rassemblant les œuvres de son cher mort, aidée de M. Ampère, élèvera sur sa tombe un monument plus immortel que les bronzes de nos grands hommes.

Elle fut donc bien de moitié dans sa vie littéraire. Elle le fut davantage dans la vie de son cœur. N'avez vous pas remarqué plus haut une phrase, où Ozanam dit, que par elle la paix était revenue à son âme?

Ozanam avait, comme presque tous les grands cœurs, la nostalgie du ciel : ici bas son esprit était inquiet, très désillusionné, toujours enclin à la mélancolie, à l'ennui des choses, à la tristesse. Son énergie au travail, ses œuvres de charité surtout, en l'absorbant, l'arrachaient à ces crises décourageantes... mais que de fois, il y retombait. Quand il eut auprès de lui, celle qu'il appelait son ange gardien visible, son sourire chassa loin de lui ces démons noirs, qui assombrissaient le ciel du poète. Ainsi, après l'orage un arc en ciel, rayonnant, chasse les chevauchées de nuages, et ramène la joie sur la terre. Et son secret était fort simple : quand le front d'Ozanam se plissait et que ses yeux prenaient leur regard rêveur et vague, elle ouvrait le piano Pleyel et en faisait jaillir des mélodies. Ozanam n'était pas musicien, il ne voyait dans ces feuilles aux lignes tachetées de noir, que de mystérieux hiéroglyphes, mais son âme sentait la musique : à son tour il écoutait, ravi, souriant, et son cœur se rassérénait au souffle doux des harmonies.

Il n'y avait point là, entre ces deux cœurs, ni la richesse ni la fortune : il leur fallait vivre à l'étroit et compter de près... mais il y avait mieux : il y avait la poésie, la musique, l'amour et le bonheur.

*
* *

Dieu les combla. Il leur donna une petite fille. Je ne vous dirai pas la joie d'Ozanam, mais voyez comme la pensée chrétienne la rend solennelle : « Elle ne nous quittera pas, écrit-il à un de ses amis, nous ne voulons pas perdre les premiers sourires de notre petit ange. Nous commencerons son éducation de bonne heure, en même temps qu'il recommencera la nôtre ; car je m'aperçois que le ciel nous l'envoie pour nous apprendre beaucoup et pour nous rendre meilleurs. Je ne puis voir cette douce figure, toute pleine d'innocence et de pureté, sans y trouver l'empreinte du Créateur, moins effacée qu'en nous. Je ne puis songer à cette âme impérissable dont j'aurai à rendre compte, sans que je me sente plus pénétré de mes devoirs. Comment pourrai-je lui donner des leçons, si je ne les pratique ? Dieu pouvait-il prendre un moyen plus aimable de m'instruire, de me corriger et de me mettre dans le chemin du ciel? »

Il y a dans les œuvres d'Ozanam une note touchante où il parle de sa petite Marie. Il voyageait en Suisse, avec sa femme et son enfant; or, à moitié route de Lauzanne et d'Yverdun, entre les deux beaux lacs de Genève et de Neufchâtel, se trouve jeté un petit bourg, Echallens : c'est là qu'était née sa mère, là, dans la petite église qu'elle avait fait sa première communion, de la main d'un vieux prêtre qui lui répétait sans cesse en la bénissant : Nous irons les deux, nous irons les deux en Paradis. Ozanam fit ce pèlerinage si doux à son cœur. Il fut voir cette vieille église, et là, devant la grille de bois qui fermait le sanctuaire, à la place même où sa mère avait prié, il mit à genoux sa petite fille : « Cette chère église est bien misérable, écrit-il, cependant j'y ai prié avec une émotion bien grande: j'y ai remercié Dieu des grâces qu'il avait faites en ce lieu même à ma mère; j'ai prié pour elle, parce que c'est un devoir de prier pour les morts; mais, comme je la crois heureuse et puissante dans le ciel, je lui ai demandé de veiller sur nous, et surtout d'obtenir à mon enfant quelques-unes de ses douces vertus. Ma femme priait avec moi, et ma petite Marie s'agenouillait bien sagement devant la grille du sanctuaire. Amélie a voulu cueillir quelques fleurs sur la petite éminence où s'élève l'église. Ces fleurs ne sont pas celles que notre bonne mère foulait en allant à la messe, mais elles leur ressemblent, et plaise à Dieu que nous lui ressemblions autant! (1) »

*
* *

Hélas! Messieurs, tout ce bonheur domestique devait être bien éphémère. La santé toujours chan-

(1) Lettres, T II, p. 90.

celante d'Ozanam jetait de gros nuages dans un ciel si beau.

L'excès de son travail épuisait ses forces, la tension de son esprit le jetait dans une fièvre continue ; il ne se donnait pas, il se prodiguait à ses œuvres : la flamme de son enthousiasme le consumait.

Suivant un beau mot de Lacordaire : « il s'acheminait au terme, avec la rapidité d'une âme qui croit trop à l'éternité, pour user d'égards envers le temps.

Le délabrement de ses forces fut bientôt tel qu'il dut céder au mal, interrompre ses cours, et se résigner au repos. A peine rétabli, il remonte en chaire, et reprend ses leçons. On l'engage à les suspendre plus longtemps, assez longtemps du moins pour que sa santé se raffermisse : « Non, répondit-il, j'ai mon devoir à remplir : je dois rester à mon poste, j'y mourrai s'il faut mourir. »

Mais une seconde fois le mal fut plus fort : les médecins exigèrent une cure aux Eaux-bonnes. Ozanam y fut donc, avec sa femme et son enfant. Il laissa là le travail, mais la charité jamais : son premier soin fut d'y établir une conférence. Les Eaux-bonnes n'eurent pas raison de la fièvre, et alors commença une pérégrination triste. Il fut à

Biarritz. Se sentant mieux il partit pour Burgos et Bayonne. Il va à Gênes, de Gênes à Livourne, de Livourne à Pise, traînant après lui sa vie qui s'en allait. Mai venait de fleurir, les arbres, le beau printemps souriait à toutes choses. C'est alors que dans son journal il écrivit cette page sublime :

« J'accomplis aujourd'hui ma quarantième année, plus que la moitié du chemin de la vie. J'ai une femme jeune et bien aimée, une charmante enfant, d'excellents frères, une seconde mère, beaucoup d'amis, une carrière honorable, des travaux conduits précisément au point où ils pourraient servir de fondements à un ouvrage longtemps rêvé. Voilà cependant que je suis pris d'un mal grave, opiniâtre, et d'autant plus dangereux qu'il cache probablement un épuisement complet. Faut-il donc quitter tous ces biens que vous-même, mon Dieu, vous m'aviez donnés? Ne voulez-vous pas, Seigneur, vous contenter d'une partie du sacrifice? Laquelle faut-il que je vous immole de mes affections déréglées? N'acceptez-vous point l'holocauste de mon amour propre littéraire, de mes ambitions académiques, de mes projets même d'étude, où se mêlait peut-être plus d'orgueil que de zèle pour la vérité. Si je vendais mes livres pour en donner le prix aux pauvres, et, me bornant à remplir les devoirs de mon état, si je consacrais le reste de ma vie à visiter les indigents, à instruire les apprentis et les soldats, Seigneur, seriez-vous satisfait, et me laisseriez-vous la douceur de vieillir auprès de ma femme et d'achever l'éducation de mon enfant? Peut-être, mon Dieu, ne le voulez-vous point?... C'est moi que vous demandez. Et bien, je viens Seigneur, je viens!... »

A partir de cette heure, aucune illusion n'entra plus dans son esprit.. Le jour même, tandis que sa femme était sortie, il écrivit son testament, et le cacha pour ne point l'attrister avant l'heure.

Ses forces déclinant toujours, il voulut rentrer en France pour y mourir... Il avait passé quatre mois à Livourne; la petite maison où il avait souffert lui était devenue chère. Au moment de la quitter, à la porte, il se retourna, la comtempla : « mon Dieu, s'écria-t-il, je vous remercie des souffrances et des afflictions que vous m'avez données dans cette maison; acceptez-les en expiation de mes péchés. » Et prenant dans ses deux mains les mains de sa femme : « Amélie, lui dit-il, je veux que tu bénisses Dieu, avec moi, de mes douleurs. » Et comme il la voyait fondre en larmes, il la prit dans ses bras : « Oh ! lui dit-il, je le bénis aussi des consolations qu'il m'a données. »

La traversée fut pénible. Arrivé à Marseille, il se coucha, demanda les derniers sacrements de l'Église, et bientôt la dernière flamme de sa vie s'éteignit. « Mon Dieu ! mon Dieu, cria-t-il, ayez pitié de moi ! » et il mourut.

*
* *

Il est un moment solennel, où le mort semble revivre, où nous l'entendons parler une dernière fois du sein de son tombeau... C'est bien lui qui renaît, dans ces pages, où il a couché sa pensée suprême, pour qu'elle demeurât vivante, à jamais, devant ses bien aimés, dans ces traits écrits d'une main déjà froide et tremblante.

Je veux vous lire, Messieurs, l'immortel testament d'Ozanam :

« Au nom du Père, du Fils et du Saint-Esprit. Ainsi soit-il.

» Aujourd'hui 23 avril 1853, au moment où j'accomplis ma quarantième année, dans les inquiétudes d'une maladie grave, souffrant de corps mais sain d'esprit, j'ai écrit en peu de mots mes dernières volontés, me proposant de les exprimer plus clairement lorsque j'aurai plus de force.

» Je remets mon âme à Jésus-Christ mon Sauveur, effrayé de mes péchés, mais confiant dans l'infinie miséricorde ; je meurs au sein de l'Église catholique, apostolique et romaine.

» J'ai connu les doutes du siècle présent, mais toute ma vie m'a convaincu, qu'il n'y a de repos pour l'esprit et pour le cœur, que dans la foi de l'Église et sous son autorité. Si j'attache quelque prix à mes longues études, c'est qu'elles me donnent le droit de supplier tous ceux que j'aime, de rester fidèles à une religion où j'ai trouvé la lumière et la paix. Ma prière suprême, à ma famille, à ma femme, à mon enfant, à mes frères et beaux-frères, à tous ceux qui naîtront d'eux, c'est de persévérer dans la Foi, malgré les humiliations, les scandales, les désertions dont ils seront témoins.

» A ma tendre Amélie, qui a fait la joie et le charme de ma vie, et dont les soins si doux ont consolé depuis un an tous mes maux, j'adresse des adieux courts comme toutes les choses de la terre. Je la remercie, je la bénis et je l'attends. Au ciel seulement je pourrai lui rendre autant d'amour qu'elle en mérite. Je donne à mon enfant la bénédiction des patriarches, au nom du Père, du Fils et du Saint-Esprit. Il m'est triste de ne pouvoir travailler plus longtemps à l'œuvre si chère de son éducation, mais je la confie sans regret à sa très vertueuse et très aimée mère... J'embrasse dans une seule pensée tous mes parents et amis que je ne puis nommer ici.

» Je remercie encore une fois tous ceux qui m'ont rendu service. Je demande pardon de mes vivacités et de mes mauvais exemples. Je sollicite les prières de tous les miens, de la Société de St-Vincent de Paul, de mes amis de Lyon. Ne vous laissez pas ralentir par ceux qui vous diront : « Il est au Ciel ». Priez toujours pour celui qui vous aime beaucoup, mais qui a beaucoup péché. Aidé de vos supplications, chers bons amis, je quitterai la terre avec moins de crainte. J'espère fermement que nous ne nous séparerons point, et que je reste avec vous jusqu'à ce que vous veniez à moi. Que sur vous soit la bénédiction du Père, du Fils et du Saint-Esprit. Ainsi soit-il. »

*
* *

J'ai fini, Messieurs.

Que voulez-vous que j'ajoute à ce discours ?

Je vous ai montré, comme je le disais en commençant, un homme de notre siècle et de notre temps, marchant dans les chemins coutumiers de la vie, n'ayant rien de ce qui semble indispensable à la gloire et aux grandes œuvres, sans fortune, sans prestige.... Et pourtant voyez quelle trace il a laissée, de quel poids il a pesé dans la destinée du monde, voyez depuis trente ans qu'il s'est couché dans la mort, voyez comme son œuvre survit glorieuse et féconde, sauvant les hommes du désespoir, sauvant les sociétés de l'anarchie et des révoltes.

Qu'avait-il donc que vous n'ayez pas ?

Du génie ! Ah ! vous y revenez !... Oui, il lui en fallait pour son œuvre littéraire ; mais on ne vous demande pas d'œuvre littéraire, on ne vous demande pas d'enseigner en Sorbonne. On vous demande de faire du bien, Messieurs, rien que cela. Mais cela seul importe ! Du reste, je n'ai pas souci.

Vous laisserez tout le reste, quand vous partirez pour les lointains rivages de la mort, et le bien que vous aurez fait sera seul à vous suivre.

Jeunes gens, j'ai relevé du tombeau cette grande ombre : elle est debout, et elle vous regarde, et elle vous crie, comme les vieux portraits du marquis de Rouillé : « Et toi qu'est-ce que tu fais ?.. »

Répondez-lui, s'il vous plait, dans le secret de vos consciences.

« Et toi, qu'est-ce que tu fais ?.. » Oh ! ne vous étourdissez pas, ne vous fermez pas les oreilles pour ne pas l'entendre. Non, non ! car il arrive une heure fatale dans la vie, elle vient, tantôt à quarante ans, comme elle le fit pour Ozanam, tantôt plus tard, souvent plus vite, elle arrive toujours inattendue. Un grand cri retentit alors à nos oreilles : ce n'est plus : « Et toi, qu'est-ce que tu fais... » Oh ! non, c'est un cri plus terrible : « Et toi, qu'as tu fait ?... » Le temps n'est plus alors, ni de travailler, ni de réparer, le temps est alors de mourir.

*
* *

Pour vous, Messieurs de Saint-Vincent de Paul, qui avez suivi le généreux exemple d'Ozanam, qui marchez, en l'élargissant toujours, dans le chemin qu'il a ouvert, qui nourrissez dans vos cœurs quelque chose de la flamme qui l'embrasait,.. pour vous.., ah ! je me recueille, je me sens prêtre, et je veux vous redire, en vous quittant ce soir, l'immortelle bénédiction que Pie IX appela un jour sur vous (1).

« Je vous bénis au nom du Père éternel, qui nous a aimés d'une éternelle charité et qui, lorsque notre premier père perdait la sainte innocence, nous aima au point de signer, en ce moment même, le miséricordieux décret de notre Rédemption.

» Je vous bénis au nom de Jésus-Christ, qui nous a aimés jusqu'à verser pour nous la dernière goutte de son sang.

» Je vous bénis au nom de l'Esprit-Saint,et je prie le Père des pauvres, le Consolateur des affligés, de bien vouloir répandre sur vous sa lumière, afin qu'éclairés par elle, vous puissiez ramener au droit chemin les âmes égarées auxquelles vous portez vos secours.

» Je vous bénis au nom de la Sainte-Trinité et,que

(1) Bénédiction de Pie IX au Conseil Général des Conférences de Saint-Vincent de Paul, le 5 janvier 1855.

cette bénédiction vous accompagne, qu'elle s'étende sur tous ceux qui coopèrent à votre grande œuvre, à Rome, en Italie, en Europe, dans tout l'Univers.

» Je vous bénis pour le temps de votre course mortelle, et pour l'heure dernière de votre vie, afin qu'après elle, vous soyez bénis de Dieu durant l'éternité. »

Bruxelles — Imp. Polleunis, Ceuterick et Lefébure, rue des Ursulines, 35.

www.ingramcontent.com/pod-product-compliance
Ingram Content Group UK Ltd.
Pitfield, Milton Keynes, MK11 3LW, UK
UKHW020951180726
13838UKWH00003B/1264

9 782329 3220